Kleiner Schimmelpilz Ratgeber

wie lüftet und heizt man richtig

Herstellung und Verlag:
Books on Demand GmbH, Norderstedt
ISBN 978-3-8448-0360-0

Autor, Herausgeber, Redaktion, Satz, Gestaltung (inkl. Umschlaggestaltung), Texte: Thomas Emmerich

1. Auflage 2011   © 2011 Thomas Emmerich, 63674 Altenstadt

Bilder und Grafiken:

Titelbild: schimmel-schimmelpilze.de
Seite 1 Bild oben MykReeve/ Wikipedia
Seite 1 Bild unten Marko Thümmler pixelio

Seite 2 schimmel-schimmelpilze.de	Seite 18 Martin Büdenbender pixelio
Seite 4 Michaela Schöllhorn pixelio	Seite 22 olga meier-sander pixelio
Seite 6 Schimmel-schimmelpilze.de	Seite 27Henrik Gerold Vogel pixelio
Seite 8 Rolf Handke pixelio	Seite 34 schimmel-schimmelpilze.de
Seite 14 CC-BY-SA-2.0-DE Lutz Weidner	Seite 39 Dieter Schütz pixelio
Seite 17 Daniel Bleyenberg pixelio	Seite 40 schimmel-schimmelpilze

Die übrigen Bilder und Grafiken stammen vom Autor.

Inhalt

1   Der Fluch des Pharao

Ägypten

1300 Jahre vor Christus

Ein Pharao wird begraben

Der Name des Pharaos

Tutenchamun

3200 Jahre später, nach Öffnung des Grabes, sterben mehrere der Forscher auf mysteriöse Weise.

Ein Geheimnis?　　　**Nein.**
Die Ursache　　　......**Schimmelpilze.**

Viele Ursachen wurden erforscht. Eine Theorie vermutet, dass möglicherweise ein Schimmelpilz, der **"Aspergillus Flavus"**, für den Tod einiger Forscher verantwortlich war.

Die Sporen von Schimmelpilzen können unter den Bedingungen, wie sie in der Grabkammer herrschten, Jahrtausende überdauern und, in Verbindung mit Feuchtigkeit und Nährstoffen, wieder neue Schimmelpilze ausbilden.

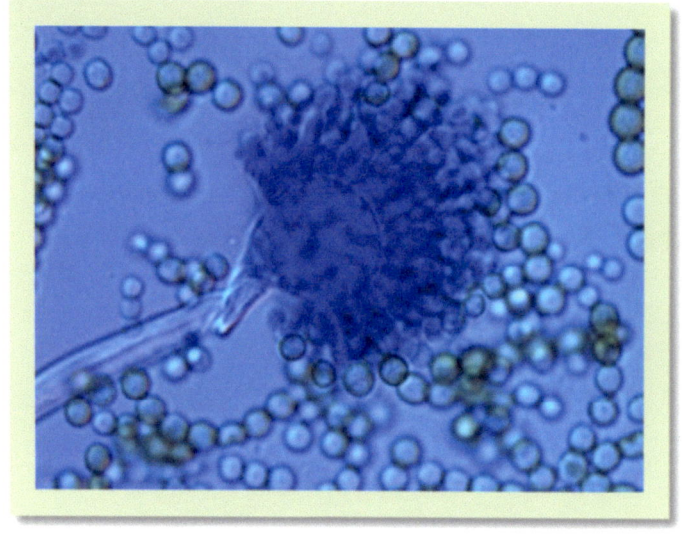

Sind Pilze denn immer gefährlich? Nein.
Die meisten Pilze sind als nützlich zu betrachten.

Nützliche Pilze finden Sie in Käse- und Milchprodukten, einigen Bier- und Brotarten und sogar in Medikamenten.

In der Traditionellen Chinesischen Medizin (TCM) kommen Heilpilze (wie z.B. Reishi und Cordyceps) zur Anwendung.

Doch **Schimmelpilze** verursachen leider bei immer mehr Menschen gesundheitliche Probleme.

Vor allem die Sporen sind uns als Allergieauslöser bekannt.

Typische Symptome einer Schimmelpilz-Allergie sind Schnupfen, Niesreiz, Atemnot und Husten.

Auch Asthma und Schleimhautreizungen sowie Kopfschmerzen und Müdigkeit können von Schimmelpilzen ausgelöst werden.

Nicht zu vergessen ist die Geruchsbelästigung durch Schimmel.

Manche Schimmelpilze produzieren sogar gefährliche Gifte (sogenannte Mykotoxine).

Schimmelpilz-Sporen sind die wichtigste Ursache allergischer Erkrankungen in Wohnungen und Häusern.

Für allergiekranke Menschen auch...

...heute noch ein Fluch

2   Keine Feuchtigkeit - keine Pilze

Schimmelpilze gedeihen am besten bei einer hohen Luftfeuchtigkeit.

Daher findet man Sie vor allem an dauerfeuchten Stellen.

Alles, was ein Schimmelpilz zum Wachsen braucht ist Wasser und ein organischer Nährboden.

Diesen Nährboden findet der Schimmelpilz unter anderem auf:

- Tapeten
- Tapetenkleister
- Stoffen
- Holzoberflächen
- Papier, Pappe, Karton
- Gipskarton
- Silikonfugen
- Teppichböden
- Kleber für Fußbodenbeläge
- Farben, Lacken
- Leder
- Matratzen
- Staubanlagerungen auf Putzen und in deren enthaltenden organischen Zuschlagstoffen
- im Hausstaub

3 Wie kommt die Feuchtigkeit ins Haus?

3.1 Wasserschaden

Ausgelöst durch:

- Rohrbruch
- Überschwemmung
- Löschwasser
- Geplatzte Zuleitung von Geschirrspülmaschinen, Waschmaschinen oder anderen wasserführenden Haushaltsgeräten
- Geplatzte Rohre durch Frost

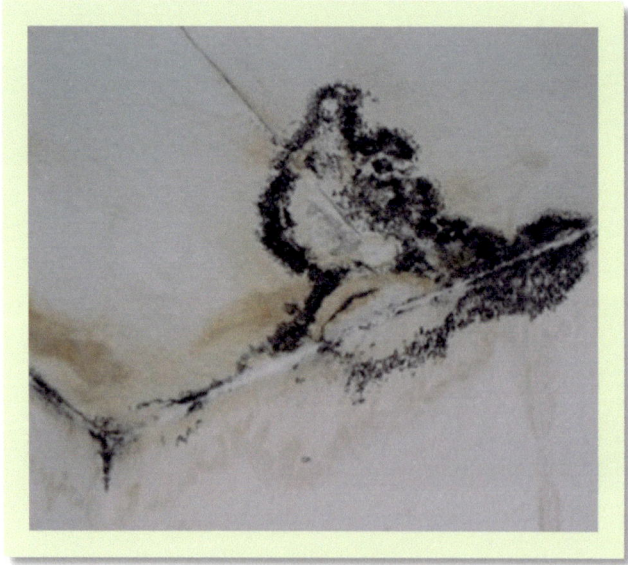

Schon nach wenigen Tagen nach einem Wasserschaden kann ein starker Schimmelpilzbefall entstehen.

Außerdem kommt es durch das eindringende Wasser oft zu starken Schädigungen der Bausubstanz.

Daher müssen Sie einen Wasserschaden so schnell wie möglich durch einen Fachbetrieb sanieren lassen.

Um einem Wasserschaden vorzubeugen, stellen Sie immer das Wasser ab, wenn Sie längere Zeit nicht zuhause sind.

Stellen Sie im Winter das Wasser für außenliegende Leitungen ab.

Benutzen Sie „Wasserstops" für ihre Haushaltsgeräte.

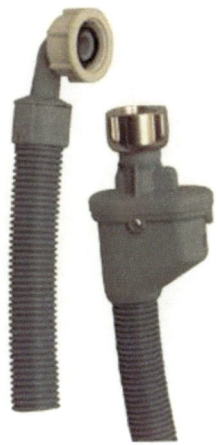

Um die Risiken eines Wasserschadens abzudecken, ist der Abschluss einer Gebäudeversicherung empfehlenswert.

3.2 Schäden am Bauwerk

Auch durch bauliche und bauphysikalische Mängel kann Feuchtigkeit ins Gebäude gelangen.

Beispiele dafür sind:

- undichte Flachdächer

- beschädigte Dachziegel

- Risse in den Außenwänden

- undichte Fugen in den Außenwänden

- undichte oder nicht isolierte Wasser, Abwasser- oder Heizungsrohre

- defekte oder verstopfte Regenrinnen usw.

Schäden am Bauwerk sind oft nicht leicht zu erkennen.
Daher sollten Sie im Zweifel immer eine fachliche Beratung heranziehen.

3.3 Ungenügende Austrocknung des Bauwerkes

Moderne Gebäude werden heute in immer kürzeren Bauzeiten errichtet. Dies hat zur Folge, dass mit einer hohen Neubaufeuchte zu rechnen ist. Auch die Dichtheit und die Wärmedämmung der Gebäude haben sich in den letzten Jahren zunehmend verbessert.

Aus diesen „dichten" Bauteilen kann die darin enthaltene Feuchtigkeit nicht so schnell entweichen.

Bekanntlich gibt Beton während der Trocknung so lange Wasserdampf ab, bis das Gleichgewicht zwischen dem Wassergehalt im Baustoff und der relativen Luftfeuchtigkeit erreicht ist. Das Erreichen dieser Ausgleichsfeuchte (Gleichgewichtsfeuchte) in den Betonbauteilen dauert Jahre und ist abhängig von der Dicke des Bauteiles und den klimatischen Bedingungen.

Eine 20 cm dicke, erdreichberührende Betonbodenplatte benötigt etwa vier (4) Jahre, bis Sie ihre Feuchtigkeit weitestgehend abgegeben hat.

Abhängig von der Bauweise (massiver Bauweise oder Ständerbauweise) kommt es zu langen oder kurzen Austrocknungzeiten der Bauteile.

Lassen Sie sich daher bei der Auswahl der Baumaterialien professionell durch einen Architekten oder Baubiologen beraten.

Achten Sie in Neubauten unbedingt auf eine ausreichende Lüftung, besonders in den ersten Monaten nach Erstbezug.

3.4 Wärmebrücken

Wärmebrücken sind Bauteile eines Gebäudes, durch den die Wärme schneller nach außen transportiert wird als durch die anderen Bauteile.

Die niedrigsten Temperaturen im Raum finden Sie in der Regel an Wärmebrücken.

Sinkt die Temperatur an einer Stelle im Raum unter den so genannten Taupunkt ab, kann es an dieser Stelle zur Kondensation von Wasser kommen und damit zu Schimmelpilzwachstum führen.

Bei Unterschreiten der Taupunkttemperatur fällt Tauwasser (Kondenswasser) aus.

Das kann auch die Brille sein, die beschlägt, wenn Sie als Brillenträger von draußen in einen warmen Raum kommen oder eine Flasche Wasser, die Sie aus dem Kühlschrank nehmen oder ein erfrischendes Glas Bier. ☺

Schimmelpilzwachstum tritt nicht nur bei Tauwasserausfall, sondern bereits bei einer relativen Luftfeuchte von 80% an der Bauteiloberfläche auf. Bei manchen Schimmelpilzen bereits bei 70% relativer Luftfeuchte.

Was versteht man unter dem Begriff „Taupunkt"**?**

Ein wenig Physik muss leider sein!

Der **Taupunkt** ist abhängig von der Temperatur und der relativen Luftfeuchtigkeit.

Die folgende Tabelle zeigt die Taupunkttemperatur im Verhältnis von der Temperatur zur relativen Luftfeuchtigkeit.

Temperatur	rel. Luftfeuchtigkeit				
	40%	50%	60%	70%	80%
16° C	2,4	5,6	8,2	10,5	12,6
18° C	4,2	7,4	10,1	12,5	14,5
20° C	6,0	9,3	12	14,4	16,4
21° C	6,9	10,2	12,9	15,3	17,4
22° C	7,8	11,1	13,9	16,3	18,4
24° C	9,6	12,9	15,8	18,2	20,3
Taupunkttemperatur					

Wie Sie der Tabelle entnehmen können, beträgt die **Taupunkttemperatur** (bei einer Raumtemperatur von 21° C und einer relativen Luftfeuchtigkeit von 60%), **12,9° C.**

Das bedeutet: Ist die Temperatur an einer Stelle im Raum geringer als 12,9° C, kann dort Wasser kondensieren und es zur Schimmelpilzbildung kommen.

Beispiele von Wärmebrücken:

- **Deckenanschlüsse**

- **Rollladenkästen**

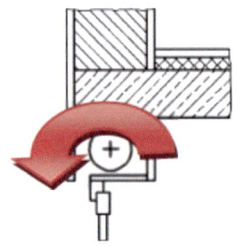

- **Fensteranschlüsse**

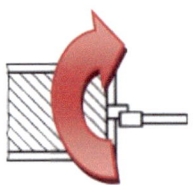

- **Fensterbänke**

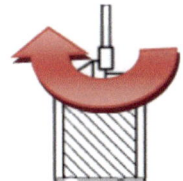

- **Nicht gedämmte Stahlbetonbauteile**

- **auskragende Bauteile, Balkone**

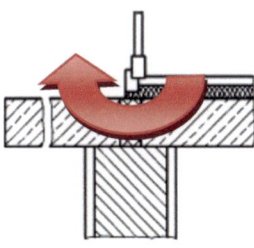

Wärmebrücken können mit Hilfe der Thermographie und einer Wärmebildkamera sehr gut sichtbar gemacht werden.

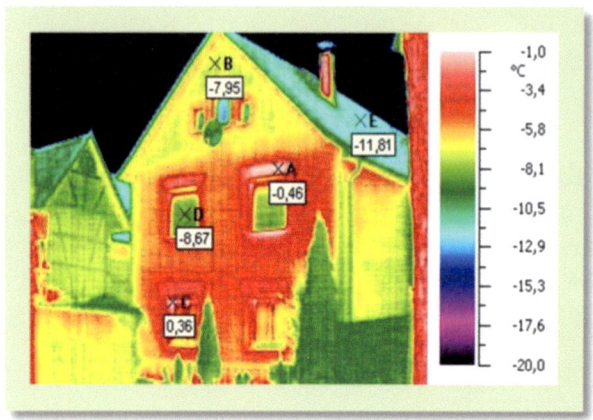

In diesem Bild können Sie die Bereiche der Wärmeverluste des Hauses sehr gut erkennen.

- Die roten Flächen zeigen die Bereiche, mit den größten Wärmeverlusten.
- Gelbe Flächen sind besser gedämmt
- und noch weniger Wärmeverluste finden Sie in den blauen Bereichen.

Wie können Sie Wärmebrücken vermeiden?

Nun, schon bei der Gebäudeplanung, sollte durch Ihre Planer (Architekten und Ingenieure) darauf geachtet werden, dass die Auswirkungen von Wärmebrücken so gering wie möglich sind.

Wärmebrücken können auch bei Bestandsgebäuden durch eine geeignete Dämmung beseitigt werden.

Vorsicht Innenwanddämmung!
Eine Dämmung der Innenwand sollten Sie nur in Ausnahmefällen, wie z.B. bei einer denkmalgeschützten Fassade, vornehmen. Bei einer Dämmung der Innenwand verschiebt sich der Taupunkt von der Wandaußenseite zur Wandinnenseite. Das kann zu Schimmelbefall hinter der Dämmung und zu Bauschäden führen.

Bei der Auswahl der Dämmstoffe sollten Sie, wenn möglich, natürliche, diffusionsoffene und hygroskopische Dämmstoffe und Materialien verwenden.

Holen Sie sich professionelle Hilfe bei einem Energieberater oder Baubiologen. Eine gute Planung schützt Sie nicht nur vor Schimmel, sondern spart Ihnen auch Heizkosten.

Wärmebrücken führen zu einem höheren Heizwärmebedarf und somit zu höheren Heizkosten

3.5 Verdeckter Schimmel

Bei Verdacht auf einen verdeckten Schimmelpilzbefall z. B. bei modrigem, muffigem Geruch oder bei gesundheitlichen Beschwerden, wie:

- Schnupfen
- Niesreiz
- Atemnot
- Husten
- Gerötete Augen
- Hautausschlag
- Kopfschmerzen
- Müdigkeit

welche einen Verdacht auf Schimmelpilzbefall vermuten lassen, sollten Sie in jedem Fall einen Sachverständigen (Gutachter) hinzuziehen, der mit verschiedenen Messverfahren den Umfang und die Art des Schimmelpilzbefalls feststellen kann.

Schimmelspürhunde leisten bei der Ortung von Schimmel sehr gute Dienste.

3.6 Falsches Nutzerverhalten bezüglich der Lüftung

Die häufigste Ursache für Schimmelbildung ist jedoch ein falsches Lüftungsverhalten der Nutzer.

Dazu mehr in Kapitel 5

4 Wohnklima

Die meiste Zeit (ca. 80%) halten Sie sich in geschlossenen Räumen auf.

Wie wohl und behaglich Sie sich dort fühlen, hängt, neben der baulichen Ausführung des Gebäudes, maßgeblich von Ihrem Heiz- und Lüftungsverhalten ab.

4.1 Behaglichkeit

Ob Sie einen Raum als behaglich wahrnehmen ist unter anderem von folgenden Faktoren abhängig:

- Ihrem individuellen Empfinden
- Der Art der Wärme (Strahlungswärme, Konvektion)
- Der Raumlufttemperatur
- Der Oberflächentemperatur (zum Beispiel an Wänden, Fenstern, Böden, Decken)
- Der Luftfeuchte
- Der Luftbewegung
- Der Luftqualität
- Der Feuchteregulierung der verwendeten Baustoffe

Weiterhin tragen zu Ihrem individuellen Empfinden Ihre körperliche Verfassung, Ihre Bekleidung und Ihre körperliche Betätigung innerhalb des Wohnumfeldes bei.

Als angenehm und behaglich, werden Temperaturen zwischen 19°C und 22°C, bei einer relativen Luftfeuchtigkeit von 35 bis 60 Prozent, empfunden.

Je kälter eine Wandoberfläche ist, umso höher muss die Lufttemperatur sein, um ein gemütliches Wohnklima zu gewährleisten.

Um höhere Temperaturen an der Wandoberfläche zu erreichen, sollten die Außenwände möglichst gut gedämmt sein. Dies verhindert Wärmeverluste bei gleicher Lufttemperatur.

Beachten Sie bei Dämmungen unbedingt den Mindestwärmeschutz nach DIN 4108-2:2001-03.

Bei den Innenwänden sollten Sie Materialien verwenden, die eine hohe Wärmespeicherfähigkeit besitzen. Das bedeutet: Verwenden Sie Materialien mit einer hohen Dichte wie z.B. Tonziegel, Lehmziegel oder Kalksandsteine.

Verwenden Sie Materialien, die eine angenehme, warme Oberflächentemperatur aufweisen.

Lassen Sie sich auch hier von Ihren Planern (Architekten, Baubiologen) ausgiebig beraten.

4.2 Feuchtigkeit

Wassermoleküle und kleinste Wassertropfen schweben – für uns unsichtbar – in der Raumluft.

Schon unser Ausatmen, aber auch Kochen, Duschen, Waschen, Baden und Geschirrspülen sorgen dafür, dass die Luftfeuchtigkeit in den Räumen ständig steigt.

In einem Vierpersonenhaushalt können bis zu zwölf Liter (12l) Feuchtigkeit pro Tag in Form von Wasserdampf abgegeben werden.

Aus der folgenden Tabelle können Sie die möglichen Feuchteabgaben entnehmen.

Quelle	Aktivität	Feuchteabgabe in Gramm / Stunde
Mensch	schlafen	40-50
	leichte Aktivität	30-120
	mittelschwere Arbeit	120-200
	schwere Arbeit	200-300
Küche	Kochen	600-1500
	Geschirrspülmaschine	ca. 100
Bad	Duschen	ca. 2600
	Wannenbad	ca. 700
Wäsche	4,5 kg geschleudert	50-200
	4,5 kg tropfnass	150-500
Pflanzen	mittelgroßer Gummibaum	10-20
	Topfpflanzen	5-15

Warme Luft kann Wasser sehr viel besser speichern als kalte Luft.

Wird diese feuchte Luft nicht über eine ausreichende Lüftung aus den Räumen abtransportiert, reichert sich die Feuchtigkeit in der Raumluft an und kann an kalten Bauteilen kondensieren. (siehe Kapitel 3.4: Wärmebrücken)

Dieses Kondensat (Wassertropfen) erhöht das Risiko der Schimmelbildung erheblich.

Am besten, Sie sorgen dafür, dass es gar nicht so weit kommt.

Wie?
In dem Sie sinnvoll heizen und richtig lüften.

5   Richtig lüften – die Methoden

Um die Feuchtigkeit aus Wohnräumen richtig
herauszulüften, sollten Sie ein paar wichtige Lüftungstipps
berücksichtigen. Als wichtigste Regel gilt:

Lüften Sie zwei bis viermal täglich

Doch zuerst zu den unterschiedlichen Lüftungsarten:

1. Stoßlüftung

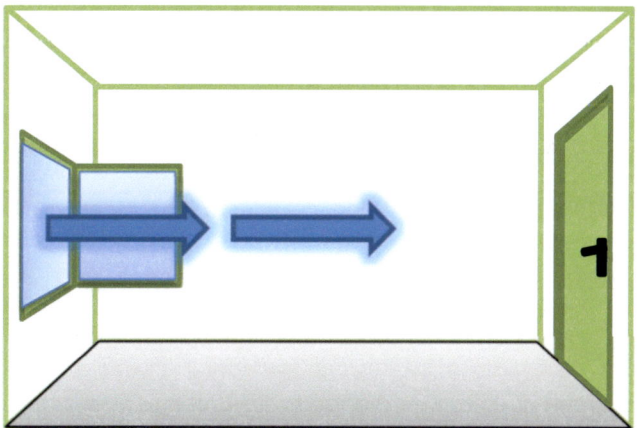

Kurzes Stoßlüften, bei weit geöffneten Fenstern und
geschlossenen Heizkörperventil, sorgt für frische Luft und
geringe Energieverluste.

2. Querlüftung

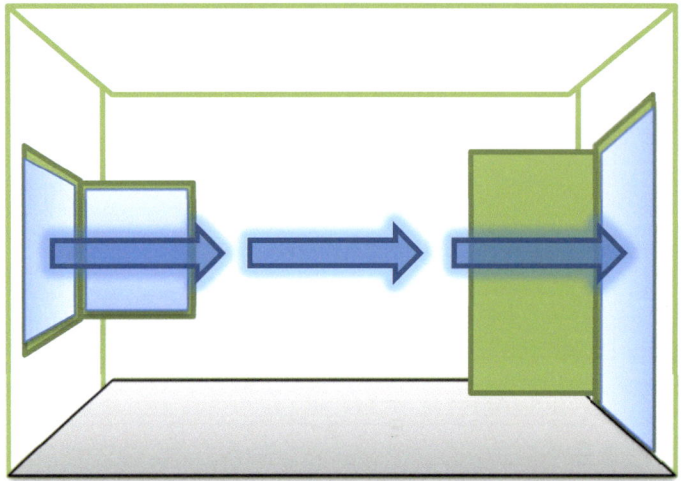

Querlüftung ist die effektivste und energiesparendste Form des Lüftens, wenn Sie die Dauer konsequent auf wenige Minuten begrenzen.

Bei einem weit geöffneten Fenster dauert ein vollständiger Austausch der verbrauchten Raumluft zwischen 5 und 10 Minuten in den Wintermonaten.

In dieser kurzen Zeit, kühlen Wände und Möbel nicht aus und erhalten Ihre „Strahlungswärme". Der Raum kann sich dadurch sehr schnell wieder erwärmen.

3. Kipplüftung

Dauerlüften durch gekippte Fenster verschwendet Energie.

Die Fensterlaibungen kühlen verstärkt aus, was zu erhöhtem Schimmelpilzrisiko führen kann.

Wenn Sie nachts lieber kühl schlafen, sollten Sie den Heizkörper abstellen und mit Hilfe eines Feststellers das Kippen des Fensters auf ein Minimum reduzieren.
Halten Sie die Schlafzimmertür dabei geschlossen, so dass keine warme, feuchte Luft aus anderen Räumen hereinströmen kann.

Wie lange sollten Sie Lüften?

Je kälter es draußen ist, desto weniger Feuchtigkeit ist in der Außenluft und umso kürzer kann die Lüftungszeit sein. Denn kalte Luft kann weniger Feuchtigkeit aufnehmen als warme Luft.

Die folgende Grafik stellt dar, wie die Lüftungszeit im Laufe eines Jahres sein sollte:

5 Minuten im
Dezember
Januar
Februar

10 Minuten im
März
und
November

15 Minuten im
April, Mai
September
Oktober

25 Minuten im
Juni
Juli
August

So lüften Sie RICHTIG:

Lüften Sie, wenn möglich, 2 bis 4 Mal am Tag.

Lüften Sie Ihr Schlafzimmer nach dem Aufstehen immer durch (Stoßlüftung oder Querlüftung).
Das macht Sie fit für den Tag und die Feuchtigkeit, die sich über Nacht angereichert, kann aus dem Schlafzimmer entweichen.

Unmittelbar im Anschluss an Duschen, Baden, Kochen oder Fußbodenwischen sollten Sie Stoßlüften. Das heißt die Türen geschlossen halten, so dass die Feuchtigkeit nicht in andere Räume transportiert wird.

Um ein Auskühlen der Wohnung zu verhindern, sollten Sie die Türen zu anderen Zimmern, die weniger beheizt werden in der Nacht geschlossen halten.

Schalten Sie vor dem Lüften die Heizkörper komplett ab, indem Sie die Heizkörperventile ganz schließen.

Vorsicht Keller:

Beim Lüften in den Sommermonaten kann die Luftfeuchtigkeit an kalten Bauteilen kondensieren. Das können Sie an nicht isolierten Kaltwasserleitungen beobachten.

Achten Sie beim Lüften darauf, dass die Außenluft immer kühler ist als die Innenluft.
Deshalb sollten Sie Keller im Sommer möglichst wenig und wenn, dann nur in den kühlen Morgenstunden Lüften.

Falsches Lüften im Sommer ist die häufigste Ursache für feuchte Keller!

Thermo- Hygrometer

Zur Steigerung Ihrer Wohnqualität, sollten Sie Ihr Heiz- und Lüftungsverhalten regelmäßig mit einem Thermo-Hygrometer (Thermometer und Luftfeuchtigkeitsmessgerät) überprüfen.

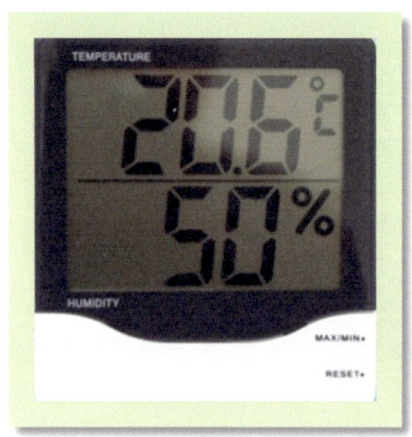

6 Richtig Heizen

Überheizen Sie Ihre Wohnräume nicht. Folgende Temperaturen sind in der Regel ausreichend:

- **Wohnbereich**   **21 °C**

- **Küche**   **21 °C**

- **Bad**   **22 °C**

- **Schlafzimmer**   **17 °C**

- **In wenig genutzten Räumen**   **14-16 °C**

Am Tage, wenn niemand zu Hause ist und in der Nacht können Sie die Temperatur insgesamt um etwa (2-3°C) senken.

Bedenken Sie:

1 Grad mehr Wärme bedeutet etwa 6% mehr Heizkosten.

Heizen Sie kühle Räume nicht mit der Luft aus wärmeren Räumen. Dabei gelangt meist wenig Wärme, aber zu viel Feuchtigkeit in den kühlen Raum. Diese Feuchtigkeit kann dort kondensieren und zu Schimmelpilzwachstum führen.

Innentüren zwischen unterschiedlich beheizten Räumen sollten Sie aus diesem Grund stets geschlossen halten.

7   Einrichtungstipps

Möbel sollten von Außenwänden und Außenwandecken mindestens fünf Zentimeter (nach DIN 10cm) entfernt stehen oder besser an den Innenwänden platziert werden.

Bei zu dicht an die Außenwand gestellten Möbeln wird die Wand an dieser Stelle durch die Raumluft und die Wärmestrahlung nicht vollständig beheizt und kühlt somit ab.

Die Folge: Kondensation von Feuchtigkeit mit der Gefahr von Schimmelbildung.

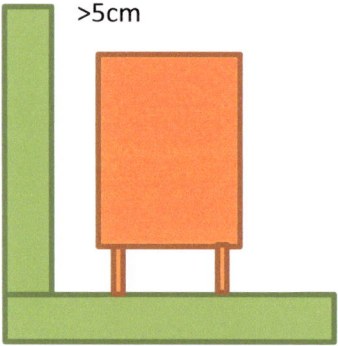

Damit die Leistung des Heizkörpers nicht reduziert wird sollten Sie Ihre Heizkörper nicht durch Verkleidungen, Möbel, Gardinen oder Vorhänge abdecken.

Außerdem können Sie nur so die korrekte Funktion des Thermostatventils gewährleisten.

8 CO^2 (Kohlendioxid)

Eine zu hohe Konzentration von CO2 verursacht Müdigkeit, Konzentrationsstörungen, Kopfschmerzen, Brechreiz.

Alle diese Beschwerden können Sie in überfüllten, schlecht belüfteten Räumen beobachten, wo ein Mangel an O2 und O2 – Ionen, sowie eine erhöhte Konzentration von CO2 durch die ausgeatmete Luft besteht.

Die CO2-Konzentration der Atemluft sollte das seit langem akzeptierte Maß von 1000 ppm (Parts per Million) nicht übersteigen.

Um eine hohe Co2 Konzentration zu senken, ist ein regelmäßiges Lüften notwendig.

Wenn Schülerinnen und Schüler vernünftig lernen sollen, brauchen sie Sauerstoff!

Gerade in Schulen wird, in den Klassenräumen, der empfohlene Grenzwert um ein Vielfaches überschritten.

Hier wäre eine Installation von CO2 Ampeln dringend zu empfehlen.

Spätestens wenn die Ampel ROT zeigt, sollten Sie ausgiebig Lüften.

Neben der Versorgung mit besserer Raumluft sparen Sie auch noch Energie ein. Die Ampel zeigt Ihnen sofort an, wann die Fenster wieder geschlossen werden können.

Im Winter könnten Sie mit diesem effektiven Lüften bis zu 20 Prozent Energie einsparen.

9   Schimmel selbst entfernen

Ein Schimmelpilzbefall gehört aus hygienischen Gründen
nicht in Wohnräume

Er muss beseitigt werden!
...und DIE URSACHE MUSS GEFUNDEN WERDEN!

Einen kleineren Befall, wie

- Schimmelflecken in der Fensterlaibung
- Schimmel in einer Zimmerecke,
- schwarze Fugen im Badezimmer oder
- befallene Silikondichtungen

können Sie selbst entfernen.

Einen großen Befall, wie

- eine oder mehrere mit Schimmelüberzogene Wände
  oder
- großflächiger Schimmelpilzbefall hinter einer
  Innendämmung

sollten Sie unbedingt einer **Fachfirma** überlassen.

Wenn Sie einen Befall selbst entfernen und sanieren möchten, sollten Sie zum Schutz Ihrer Gesundheit unbedingt die folgenden Hinweise beachten.

Berücksichtigen Sie für Ihre Entscheidung Ihr handwerkliches Können und die gesundheitlichen Risiken.

9.1 Gibt es Gefahren für meine Gesundheit?

Bei unsachgemäßer Entfernung eines Schimmelpilzbefalls können sich Sporen und andere Schimmelpilzbestandteile in der Wohnung verteilen. Sie können zu gesundheitlichen Beeinträchtigungen, wie Reizungen der Augen und der Schleimhäute oder zu allergischen Beschwerden führen.

Haben Sie gesundheitliche Probleme (z.B. Allergien, Asthma, andere chronische Atemwegserkrankungen, Immunschwäche), sollten Sie den Schimmel nicht selbst entfernen.

Im Zweifelsfalle fragen Sie immer einen Fachmann.

Wichtig:
Bei der Vergabe von Aufträgen für Schimmelpilzmessungen achten Sie darauf, dass die Laboratorien Qualitätssicherungsmaßnahmen betreiben.

Hilfestellung bekommen Sie bei den Verbraucherverbänden oder den örtlichen Gesundheitsämtern.

9.2 Wie muss ich vorgehen?

Das sollten Sie bei der Entfernung eines kleinen
Befalls beachten:

- Schließen Sie die Türen zu anderen Räumen

- Arbeiten Sie unbedingt bei weit offenem Fenster.

- Ziehen Sie Haushaltshandschuhe an.

- Verwenden Sie gegebenenfalls eine
  Atemschutzmaske (P2 oder P3 – Filter sind
  erhältlich in Baumarkt oder Apotheke),

- Setzen Sie eine Schutzbrille als Spritzschutz
  auf.

- Wischen Sie den Schimmel mit einem mit Alkohol
  getränkten Lappen ab.
- Verwenden Sie dafür 70-80%igen (medizinischen)
  Alkohol oder Spiritus, erhältlich in der Drogerie oder
  in der Apotheke.

Mit Schimmelpilz befallene Tapetenstücke oder Gegenstände geben Sie, am besten fest verschlossen, in einem Müllbeutel in den Hausmüll.

 # Achtung:

Dämpfe von Alkohol und Spiritus sind feuergefährlich

Nehmen Sie so wenig Alkohol wie möglich

Lüften Sie gut!

Antischimmelmittel oder Antischimmelfarben sind, meiner Meinung nach, nicht empfehlenswert, da diese Mittel oft gesundheitsschädliche Substanzen enthalten.

10 Rechtliches §

Grundsätzlich muss derjenige, der Ansprüche aus Feuchteschäden geltend macht, diese auch beweisen.

Das erfordert in der Regel den Einsatz von Gutachtern und Rechtsanwälten und kann, für die unterliegende Partei, sehr teuer werden.

Zuerst sollte man daher überprüfen ob:

- Sie „richtig heizen und richtig lüften"

- die Dämmung des Hauses verändert wurde

- neue Fenster eingebaut wurden

- offensichtliche Baumängel vorliegen

Für Vermieter ist es daher besonders wichtig, Ihre Mieter darüber aufzuklären, wie richtig geheizt und gelüftet werden soll.

Tipp! Besser, Sie versuchen gemeinsam die Ursache der Feuchteschäden zu beseitigen, bevor Sie Gutachter, Rechtsanwälte und Gerichte damit beschäftigen.

Das war nun ein kleiner Ausflug in die Welt der

Schimmelpilze.

Möge dieser Ratgeber Sie vor dem

"Fluch des Pharaos"

bewahren.

11 Tipps zur Schimmelvermeidung

Eine fachgerechte Bekämpfung von Schimmelpilzen kann sehr teuer kommen.

Deshalb ist eine Vorsorge durch richtiges Heizen und Lüften äußerst wichtig.

Auch nach einer erfolgreichen Schimmelbekämpfung sind vorbeugende Maßnahmen vorzunehmen.

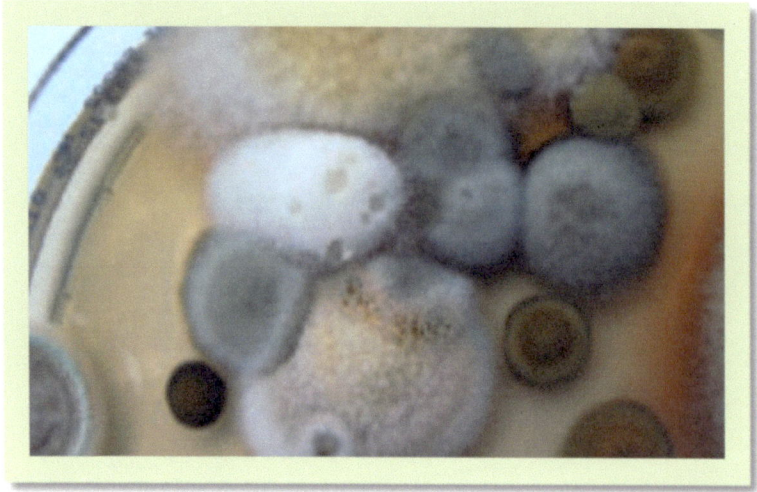

Tipps zur Schimmelvermeidung

1. Fenster 2- 4 Mal am Tag kurzzeitig ganz öffnen (Stoßlüften).

2. Je kälter es draußen ist, desto kürzer muss gelüftet werden.

3. Bei Abwesenheit ist das Lüften tagsüber nicht möglich. Deshalb morgens und abends intensiv Lüften.

4. Die Türen zwischen unterschiedlich beheizten Räumen sollten am Tag und in der Nacht geschlossen sein.

5. Am Morgen in der Wohnung einen kompletten Luftwechsel durchführen. Am besten in jedem Zimmer das Fenster weit öffnen (Stoßlüftung).

6. Am Abend einen kompletten Luftwechsel (besonders im Schlafzimmer) vornehmen.

7. Bei einem innen liegendem Bad auf kürzestem Weg lüften. Die anderen Türen geschlossen halten. Verhindern Sie, dass sich nach dem Baden oder Duschen der Wasserdampf in der ganzen Wohnung verteilt.

8. Große Mengen Wasserdampf (z. B. durch Kochen oder Waschen) möglichst sofort nach draußen lüften. Auch hier die Zimmertüren schließen.

9. Bei Trocknung der Wäsche in der Wohnung, dieses Zimmer ausreichend lüften.

10. Die Mindestzeit für die Lüftung hängt von dem Unterschied der Zimmertemperatur zur Außentemperatur ab. Bei Windstille und geringem Temperaturunterschied reichen in der Regel 5-10 Minuten Stoßlüftung aus.

11. Auch bei Regenwetter lüften.

12. Beim Lüften die Raumluftfeuchte überwachen. Hygrometer zur Kontrolle benutzen.

13. Folgende Raumtemperaturen sollten eingehalten werden:

    - Im Wohnzimmer, Kinderzimmer und in der Küche 21 Grad
    - im Bad 22 Grad,
    - im Schlafzimmer 17 Grad

14. Die Temperaturen in allen Räumen sollten 16 Grad nicht unterschreiten.
    Je kälter die Zimmertemperatur ist, desto öfter muss gelüftet werden.

15. Die Heizung am Tage nie ganz abstellen, auch wenn Sie nicht zu Hause sind.
    Ständiges Auskühlen und Wiederaufheizen ist teurer als das Halten einer Durchschnittsraumtemperatur.

16. Nicht von anderen Räumen aus das Schlafzimmer heizen. Das führt warme und feuchte Luft ins Schlafzimmer, die sich dort als Feuchtigkeit niederschlagen kann.

17. Luftbefeuchter sind in der Regel überflüssig und bei einer Verkeimung durch Bakterien sogar schädlich!

18. Vorsicht beim Einbau von neuen Fenstern! Hier muss unter Umständen mehr gelüftet werden als vor dem Einbau.

19. Große Schränke nicht zu dicht an Außenwände stellen. 5cm Abstand sollten mindestens eingehalten werden.

20. Das *Nahrungsangebot* für den Schimmel verringern. (Tapeten, Teppiche, Hausstaub...)

21. Vorhänge und Wandverkleidungen **hinterlüften.**

22. Die Anzahl der Zimmerpflanzen beschränken.

Notizen: